Dieu,
personne ne l'a jamais vu

Maurice Bellet

Dieu, personne ne l'a jamais vu

Albin Michel

– Qu'est-ce que vous cherchez ?

– Je n'ose le dire.

– Qu'est-ce que vous cherchez ?

– Je ne peux le dire – c'est impossible.

– Qu'est-ce que vous cherchez ?

– Dieu.

– Savez-vous ce qu'il est ?

– Non.

– Savez-vous du moins comment le trouver ?

– Non.

– C'est donc une quête désespérée…

– Non.

– Comment, si vous ne savez le trouver ?

– Le chercher, c'est le trouver. Ainsi parlent les vieux maîtres.

– Ah ! Vous voici rassuré. Vous l'avez trouvé.

– Non.

– Comment cela ?

– Le trouver, c'est le chercher.

– Encore la parole des vieux maîtres ?

– Oui.

– Supposons que vos propos aient un sens. À quoi peuvent-ils aboutir ? Au silence ?

– Oui.

– Alors, la parole meurt…

– Non. Le silence est frère de la parole, la parole est sœur du silence.

– Eh bien, parlez !

– J'en dirai ce que je peux dire, et comme de biais, et provisoirement, et dans le sentiment irrépressible de passer outre à la limite qui s'impose aux humains.

– Mais il le faut, n'est-ce pas ?

– Sans doute.

– Ainsi espérez-vous vous perdre en Dieu, loin du tracas des hommes et dans la solitude bienheureuse du seul, contemplant l'ineffable…

– Ce n'est pas là mon Dieu.

– Vraiment ? Mais comment le savez-vous, puisque vous ne savez pas ce qu'il est ?

– Je sais ce qu'il n'est pas.

– Alors, il n'est rien pour nous et ne change rien à rien.

– Il change tout en tout.

– Pourriez-vous m'expliquer ? Car c'est obscur… Mais soyez bref. La théologie est trop souvent un épanchement sans fin de considérations, elle aime l'interminable, c'est sa façon de respecter l'infini !

– Rassurez-vous, je serai bref. Et humble, autant que faire se peut : car s'il est un thème où est durement requise l'humilité de la pensée, c'est bien celui-là.

Ouverture

Notre petite théologie à grande vitesse n'aura qu'une fonction : désencombrer, défaire les préjugés de tous genres, du même coup ouvrir l'espace de parole où « ce qu'il en est de Dieu » puisse être abordé librement. J'entends : de cette liberté de pensée qui n'est pas le droit de penser n'importe quoi, mais la juste obéissance à la seule autorité décisive en ce lieu-là, qui est recherche inconditionnelle de la vérité.

C'est un chemin, qui comme tout chemin connaît des moments et des étapes. Si chaque moment a sa vérité, elle tourne en fausseté dès qu'on s'y fixe. Mais la pensée à plat se croit toujours dans le tout de tout : elle ne peut être ici que dans le contresens. Car elle fait thèse ou doctrine de ce qui n'est qu'un passage.

L'effet de ce chemin n'est pas de résoudre les questions. C'est plutôt de les poser avec beaucoup plus de force, de leur donner une ampleur et une gravité telles qu'elles rejoignent enfin ce qui est le lieu de Dieu : le Principe, l'Origine, l'Ultime, l'Absolu.

Ne haussent les épaules que ceux qui n'ont pas été confrontés à la grande urgence, quand on perd tous les charmes du scepticisme et qu'on est confronté, sans recours, au « oui ou non ».

Si Dieu est Dieu, il n'est rien de ce que nous mettons en sa place, y compris sous son nom. Si Dieu est Dieu, il n'est pas Dieu.

Il est beaucoup plus haut – et beaucoup plus bas. Car il y a toujours distance ou fracture entre ce qu'il est, s'il est, et ce que nous en faisons.

Et s'il est en l'homme, c'est comme une ouverture prodigieuse, vers l'impossible et l'impensable à nos vues trop humaines.

Courage.

1.

Dieu est inévitable

Que Dieu existe ou pas n'est pas notre question.

Ce qui est sûr, en revanche, c'est qu'il y a du « Dieu » dans l'histoire humaine et dans l'actuel de notre société. Impossible de l'ôter de là, il y tient trop de place.

On peut bien sûr n'y pas songer, mais c'est. À moins de se rêver hors du monde et sans passé, il est à prévoir que chaque humain a rapport avec ça ; car nous avons appris que la superbe solitude du sujet pensant est une fiction, utile en certains cas, mais qui ne résiste pas à la pression du réel quand les enjeux sont trop lourds.

Que je croie en Dieu ou pas, de toute façon il est dans mon passé, car il est dans le passé de l'humanité. Dire : « Qu'en ai-je à faire, je suis au présent, tout cet archaïque m'est étranger », c'est ressembler à l'homme de quarante ans qui déclare qu'il est assez adulte pour être tout libéré de son enfance – le naïf ! À moins, encore une fois, de se vouloir tout en surface et dans l'oubli, il est inévitable que Dieu soit dans le passé de l'humanité où je suis, c'est-à-dire en moi.

Car il est bien vrai que Dieu a occupé grande place dans le passé des humains, et de la façon la plus concrète : par les récits, les mythes, les figures, les rites – et même les pensées – qui étaient pour les humains le lieu de l'assurance fondamentale, hors laquelle tout sombrait dans le chaos. En ce temps-là, le Temple est le nombril du monde, le Ciel est ce qui assure à la Terre de ne pas s'effondrer.

L'être humain est mémoire. Et la mémoire de Dieu est nécessaire pour que l'homme soit en juste rapport avec cet énorme passé d'où il naît. Précisons : et même particulièrement nécessaire si l'on veut en finir vraiment avec Dieu. Car il faut savoir ce qu'il en est de

Celui-là, jusqu'où a pénétré la religion, ses infiltrations, perdurations, métamorphoses ; il faut même aller jusqu'à ce soupçon : que « Dieu » pourrait véhiculer quelque chose d'irrésistible aux humains et que seule une analyse vigilante et toujours renouvelée peut discerner. Le divin peut se dissimuler là où l'on n'y songeait pas et s'y montrer particulièrement ravageur.

Mémoire, mais comment ?

On peut songer au savoir, l'histoire des historiens, la science des religions ; sans oublier l'histoire de la philosophie, car il y a aussi un « Dieu des philosophes et des savants ».

Mais sur ce chemin, on rencontre deux difficultés apparemment insurmontables.

La première se voit assez vite : le domaine est immense, infini. Aucun survol n'est possible, aucune synthèse, sauf à rester désastreusement superficiel. Qui peut vraiment connaître, ce qui s'appelle connaître, non seulement les religions encore vivantes, mais les religions disparues ?

Et toutes les grandes philosophies qui ont rapport à Dieu, pour ou contre ? Qui a lu Barthriari ou Nonnos de Pannopolis ? Et déclarer bravement que ces auteurs sont insignifiants ou secondaires, c'est a priori contraire à l'esprit scientifique ! Avoir simplement un savoir un peu plus précis du christianisme d'Occident est déjà une tâche titanesque.

Le choix est implacable : ou vous savez, ce qui s'appelle savoir, mais le champ est très réduit ; ou vous croyez savoir, « un peu de tout à la française », mais c'est vague et largement erroné. Et, sur un tel sujet, le vague et l'erroné sont inadmissibles (car s'il se trouvait que Dieu soit vraiment Dieu, tout y est engagé).

En fait, la première difficulté ne fait qu'annoncer la seconde. De quoi s'agit-il ? Si c'est d'avoir des informations sérieuses sur les religions dans l'histoire, on en a dit la quasi-impossibilité. Et si c'est, de façon plus intime, de connaître notre propre passé, c'est-à-dire nous-mêmes, alors on se heurte à un autre vertige : les expériences sont radicalement différentes. Un savoir, même complet, n'y conviendrait pas. Dans cette affaire de filiation, le travail d'anamnèse, où nous nous éclairons sur nous-mêmes, suit d'autres chemins et connaît d'autres périls.

Le premier est le refus.

On préfère ne pas connaître, on a de puissants motifs de ne pas aller par là. Et le refus peut être inconscient ; c'est de l'ordre du refoulement.

J'entends déjà l'objection : « Vous allez évoquer le Dieu inconscient, expliquer à l'athée que, s'il ne croit pas en Dieu, ce n'est pas par raison, comme il l'imagine, mais par des processus en lui qu'il ignore. » Pas du tout, pas du tout. La difficulté de l'anamnèse, quant à Dieu, peut être le fait du croyant : il ne veut pas (inconsciemment) connaître ce qu'il en est vraiment de *son* Dieu.

Ce qui s'annonce alors, c'est que nous ne savons pas ce que nous allons trouver à propos de Dieu. Aller par là, c'est aller du côté de « faits humains », d'une puissance considérable, liés à la fois à ce qui a donné force aux civilisations et à ce qui a eu les plus terribles effets de destruction. Et le « champ » dépasse tout à fait ce que les religions établies installent comme leur domaine. Comment comprendre l'art, les aventures de la pensée, la genèse même de la science, sans entendre ce qui, de par là, peut nous parler avec une force effrayante ?

Après tout, on pourrait, en cette aventure, partir d'autre chose que de « Dieu », d'un autre mot que celui-là. Mais il faut bien avouer qu'il a une force particulière.

Chemin d'anamnèse ; en un sens, chemin de chacun, partant d'où il est ; pas seul, mais dans cette énorme aventure commune dont il est indispensable de ne pas se dissocier, sous peine de se faire aveugle.

Dieu, ou sa mort, ou sa disparition (pour le moment, peu importe), invite à un mode de pensée où se réveille ce qui s'est perdu dans tout un pan de la modernité : le grand lien, chacun avec tous, le corps avec l'âme, le symbole avec la science, la mémoire avec la liberté, le spirituel avec l'intellect.

Une telle situation veut de moi, en ce texte-ci, que je renonce à toute autorité. Ce que je vais dire, dans un espace aussi redoutable, ne peut qu'être simplement offert à quiconque y trouvera du goût. Si le lecteur ne croit pas en Dieu, qu'il accepte d'en entendre parler, y compris pour y trouver des motifs plus forts à son incroyance (je crois pouvoir l'y aider). Si le lecteur croit en Dieu, eh bien, qu'il prie ! C'est-à-dire qu'il refuse de laisser son désir s'enfermer dans l'humain trop humain… y compris quand celui-ci a une odeur de religion.

De toute façon, il ne peut y avoir ici que la liberté de penser la plus grande. Car devant Dieu comme devant la mort, tous les hommes sont égaux.

2.

Dieu est équivoque

Il y a, quant à Dieu, une proposition incontestable et une seule : « Dieu » est un mot de la langue française.

Puisque ce mot existe, il a un sens.

Le sens du mot « Dieu » est équivoque.

Le seul moyen de lever l'équivoque du mot « Dieu » est de faire totalement la vérité en l'homme[1].

1. Ces quatre propositions se présentaient déjà au début d'une « Théologie express », parue il y a quelques années. Ce texte-ci en reprend certains thèmes, mais autrement, plus brièvement et, j'espère, plus radicalement.

Les deux premières propositions s'imposent d'elles-mêmes. La dernière annonce tout ce qui va suivre. Examinons la troisième. Il faut avouer déjà que nous avons jusqu'ici présupposé une certaine façon d'envisager Dieu, relative au lieu de culture où nous parlons. Mais si moi-même, ou qui que ce soit d'autre, dit : « Dieu », en vérité, que dit-il ?

On ne sait pas.

Pourtant, le croyant croit qu'il sait ; l'athée aussi : pour nier, il faut savoir ce qu'on nie. Là-dessus, l'athée et le croyant sont frères.

Le mot « Dieu », pris sans préjugé, renvoie à une confusion prodigieuse.

L'histoire nous le montre pour le passé et la sociologie pour le présent. L'histoire, là-dessus, est un abîme insondable. C'est déjà vrai pour le seul Occident, et en se bornant au plus récent – c'est-à-dire, en cette matière, deux ou trois mille ans. Mais si l'on envisage le monde entier !...

Toutefois, l'histoire est objet d'étude. L'anamnèse suggère autre chose, de bien plus redoutable. Il se pourrait que cette avalanche de dieux soit encore en nous.

L'homme banal d'Occident porte en lui au moins trois groupes de dieux.

Il y a le Dieu d'Abraham, le Dieu unique que vénèrent juifs, chrétiens et musulmans. Ils le vénèrent différemment. La Trinité, par exemple, est une horreur pour l'islam. Les chrétiens prétendent à une Nouvelle Alliance, où Israël ne voit qu'une trahison.

Il y a le Dieu de la métaphysique, divers selon les philosophes. Platon, Aristote, Plotin, Descartes, Spinoza, Kant, etc., etc. Ou encore Marx et Nietzsche, car les philosophes athées ont nécessairement leurs dieux ou leur Dieu.

Il y a les dieux païens. Continent immense, même à se borner à l'espace européen. Dieux grecs, dieux latins. Théogonie, Odyssée, tragédie grecque, temples et statues. Zeus, Apollon, Aphrodite et, au-dessus d'eux, les terribles, Cronos, Ouranos et Gaïa. Et les *dieux* de l'Orient, et ceux du Nord.

On dira : « Si quelqu'un dit : "Dieu", simplement, il ne pense pas à cette masse confuse, mais à ce qu'il pense de Dieu. » Cela déjà donne à songer, parce que si, dans le dialogue, chacun pense à son Dieu quand il dit : « Dieu », on risque d'être dans un malentendu complet.

Au surplus, au nom de quoi est-on si sûr de savoir ce qu'on pense, quand on dit : « Dieu » ? Il se pourrait qu'il y eût, à cet égard, un changement de situation. Naguère, la confusion du divin restait ou pouvait rester extérieure ; chacun, chaque communauté, installés en leurs certitudes, savaient où était le vrai Dieu ; même les disputes, même l'athéisme restaient à l'intérieur d'une certaine unité du divin. Cette unité est rompue : effet d'un certain affaissement des religions, effet de la mondialisation qui brasse tout.

Certains y voient progrès : au lieu du dogmatisme, le dialogue ; au lieu de la particularité de tel Dieu, l'universalité du divin, voire, plus largement, d'une spiritualité accueillante à tout et à tous, large espace où la divinité n'est plus catastrophe, mais richesse.

Toutefois, il y a une difficulté : jusqu'où va l'accueil ou le dialogue ? Pouvons-nous être aussi à l'aise avec Moloch, le terrible dieu phénicien auquel il fallait sacrifier, par le feu, les premiers-nés ? On dira : « Le culte de Moloch est mort. » Mais il y a des cultes plus récents qui ne valent pas mieux : après tout, Hitler invoquait Dieu, et le nazisme a tous les traits d'une religion. On n'évite pas la question : quel Dieu faut-il exclure pour que le divin ne sombre pas dans le démoniaque ? Et pourquoi, par quels critères, par quels principes qui s'imposent au divin lui-même ?

En outre, comment être sûr d'être dans la clarté ? Si vraiment nous sommes comme envahis d'une multiplicité de dieux, toute affirmation de ce côté-là est un choix : nous nous séparons de ce qui nous paraît faux et inadmissible. Il n'y a pas de croyance tranquillement établie en son enclos. Et c'est vrai, en tout cas, des traditions religieuses à décision forte et grande portée : la foi d'Israël s'oppose au paganisme (relisez la Bible : la Torah et les prophètes dénoncent – entre autres – le culte de Moloch chez les juifs eux-mêmes). La foi chrétienne se sépare et du judaïsme et du paganisme. L'islam opère, à sa façon, séparation.

Mais comment être sûr de ces identités proclamées ? N'y a-t-il pas complaisance obscure avec ce qu'on affirme vouloir combattre ? Les chrétiens, par exemple, peuvent être en fait bien plus païens qu'évangéliques, dans leurs mœurs et jusqu'en leurs pensées... Comment apprécier, par exemple, ce retour du mythe gréco-romain dans les arts, la littérature, la pensée même à partir du XVIe siècle ? Comme si l'homme de la modernité commençante se rattachait, en théologie, à la tradition chrétienne et, pour le reste, aux dieux de l'Olympe ! (Dans la mesure où les théologiens s'y sont laissé prendre, il ne faut pas s'étonner s'ils ne parlent plus qu'aux théologiens et pas au reste du monde.) S'y ajoutant, surtout à partir de Descartes, un Dieu de la seule raison qui introduit la fracture fatale (fatale à la religion) entre un Dieu qui relève d'une pensée critique et un Dieu utile aux femmes et aux enfants (c'est ce qu'en pense Spinoza).

Or, cette trop réelle multiplicité du divin

peut être comme oubliée, écartée, non vue, chez ceux qui croient en Dieu – et chez ceux qui n'y croient pas.

Inconscience, mais qu'on peut lever par un effort de l'esprit. Pourtant il y a une inconscience beaucoup plus grave.

La diversité du divin, y compris le plus atroce, n'est évidemment pas un hasard. Elle correspond à ce qu'il y a en l'homme. Si quelqu'un croit en un Dieu sage, éternel, tout-puissant, bon – et, chez les chrétiens, assez aimant des hommes pour se sacrifier pour eux –, il est clair qu'il écarte de son Dieu tout ce qui ne convient pas à une si belle image. Pour autant, le reste n'est pas simplement supprimé. Et où trouvera-t-il à se loger ? En ce Dieu même, qu'on en croyait délivré. C'est le Dieu amour lui-même qui devient le Dieu cruel, et d'autant plus féroce et odieux qu'il ment, puisqu'il se prétend amour. Ainsi prend figure ce Dieu pervers, que le chrétien, consciemment, ne peut qu'écarter avec horreur et qui peut être la vérité inconsciente de sa foi[1].

Ce n'est pas là une hypothèse fâcheuse, qui serait le fait d'athées malveillants. C'est ce qui se révèle, ce qui éclate au jour quand certains chrétiens, en psychanalyse par exemple, perçoivent ce qu'a réellement signifié en eux cette foi qui ne parlait que d'amour et de grâce, dans leur destruction.

Bien entendu, cela ne permet aucunement de juger en bloc « le christianisme ». Mais cela signifie qu'il est possible qu'à l'intérieur d'une foi déclarée, un processus inconscient en pervertisse complètement le sens.

On dira : « C'est affaire de religion, et chrétienne au surplus. Les philosophes en sont indemnes. »

Voire. Seraient-ils sans inconscience ? Le Dieu de pure Idée peut être la projection philosophique de rapports inconscients au père et à la mère, un inceste de la pensée ! Ou bien

1. J'ai écrit moi-même, il y a quelques années, sur ce triste sujet, *Le Dieu pervers.*

l'expression d'un narcissisme prodigieux. Dès le moment où Dieu est l'objet d'une pensée, il entre dans ce rapport de l'objet au sujet, qui donne au sujet une emprise décisive sur l'objet, quelles que soient les thèses soutenues. On peut théoriser sur l'Inconnaissable sans cesser d'être maître de sa théorie, dont l'Inconnaissable est un chapitre. Mais Dieu en tant que Dieu ne devrait-il pas y échapper ?

À cet égard, il n'est peut-être pas insignifiant que soient revenues, chez Freud ou Nietzsche par exemple, les figures de divinités antiques : Éros, Thanatos, Logos, Anankè, Apollon et Dionysos, comme si la pensée, devenue plus critique que jamais envers le Dieu des métaphysiciens autant que des chrétiens, trouvait à s'exprimer dans cet étrange retour.

Immense équivoque de Dieu. Mais elle prend encore un degré quand on envisage, si j'ose dire, la fonction divine.

Qu'est-ce que Dieu pour l'homme ? Dans les temps anciens, le divin tient à l'étoffe même du monde ; son lieu est le tout. Mythes et rites – ou chemins de sagesse – sont comme l'espace premier par où tout le reste trouve assurance.

À l'âge moderne, la religion devient de plus en plus un lieu particulier ; c'est une partie, ou même c'est en marge. Et Dieu s'y enferme.

Et pourtant, là aussi, le divin revient ! Où sont nos dieux ? Ne sont-ils pas dans l'Argent, le Pouvoir, le Sexe ? Dans ce qui, précisément, faisait l'objet du renoncement de ceux, tels les moines, qui voulaient se consacrer à Dieu ?

Mais, dit-on, ces dieux-là n'existent pas, ce sont des images, constructions, fantasmes. Pourtant, ils ont bien leur réalité ! Or c'est une réalité de fonctionnement.

Le Dieu de la foi ou de la métaphysique est censé exister, mais il n'a plus son efficacité de jadis, quand il rejoint le train du monde.

Les dieux de la publicité n'existent pas, mais ils opèrent, ils sont efficaces !

L'équivoque de Dieu peut donner à penser qu'il s'agit là d'une coque vide, où l'on met n'importe quoi. Prise en son ampleur, pourtant, elle suggère autre chose. Le dieu, tant qu'il est dieu, correspond à un mode d'exister des humains. Et le mode d'exister, en retour, commande ce qu'il en est du dieu – le dieu réel, l'efficace, par-delà tous les débats et controverses.

Voilà qui délivre Dieu de l'insignifiance – mais suggère, en revanche, qu'il pourrait n'être qu'une construction de l'homme.

3.

Dieu est une construction de l'homme

On dit que si Dieu a créé l'homme à son image, l'homme le lui a bien rendu.

L'équivoque de Dieu donne à penser que les figures du divin sont relatives au mode d'exister des humains, et que c'est donc ce mode d'exister qui construit le dieu (et mon hésitation entre la majuscule et la minuscule conforte cette interprétation !).

Dieu est un produit de l'angoisse, du besoin de compensation, du narcissisme, de toutes les formes de l'illusion ; il est l'opium des peuples, le grand prétexte du pouvoir, le Maître des maîtres qui y trouvent leur justification ; il est le cœur et le verrou de la superstructure religieuse qui maintient les soumis dans la soumission, etc., etc. Et ce qui signe son irréalité – « La seule excuse de Dieu, c'est qu'il n'existe pas » –, ce sont les ravages accomplis en son nom, depuis le trop visible : guerres, massacres, persécutions, jusqu'aux tourments intimes et irréparables que la religion sait engendrer.

Oui, Dieu est une construction de l'homme. Toute image ou idée de Dieu, toute représentation ou pensée, si purifiées se veulent-elles, c'est ce qui se produit en l'homme... Voilà pourquoi l'on peut toujours expliquer Dieu par la psychanalyse, etc. Dieu est un phénomène humain qui se défait dès qu'on l'explique. On peut s'en tenir là, et au besoin s'enfoncer dans l'immense littérature qui, au cours des siècles, s'est employée à défaire Dieu.

Toutefois – remarque troublante –, la phy sique aussi est une construction de l'homme. $E = mc^2$, c'est Einstein. Vous ne verrez point l'admirable formule en contemplant les arbres et les cailloux. Et l'on peut sûrement expliquer Shakespeare par la psychanalyse – voyez *Hamlet* –, que dis-je ? par le cliquetis de ses neurones. La plus haute pensée se passe dans le cerveau. Reste que Shakespeare nous parle et que $E = mc^2$, c'est l'âge nucléaire.

Dire que Dieu est construit reste donc… équivoque. Le point est de savoir si cette construction correspond à une réalité. Voilà qui, semble-t-il, amène du côté de la preuve de Dieu.

Peut-on prouver Dieu ?

Le malheur de la preuve, c'est qu'elle prouve. La formule est forte. Expliquons.

Prouver, c'est montrer que telle proposition que nous tenons pour vraie est confirmée par le raisonnement ou par l'expérience (mathématiques et physique). C'est faire entrer « quelque chose » dans le système de pensée dont nous disposons ; c'est faire de « cela » un objet pour les sujets pensants que nous sommes.

Il y a déjà difficulté, ou plus, à prouver à propos d'autrui. Car il y a en l'autre humain une altérité et un infini qui m'échappent. Mais – Dieu ! S'il est Dieu, il ne peut être qu'en amont ou ailleurs de tout édifice de pensée où je dispose de ce qui se trouve dedans. Prouver Dieu – en ce sens-là – ne peut aboutir qu'à une idée de Dieu qu'il sera toujours possible de déconstruire.

Car il n'est de Dieu pour nous que par et dans notre relation à lui. Cette tautologie apparente mérite d'être méditée, tant il est aisé de « poser Dieu » comme tout à fait transcendant… par une opération de pensée qui en fait l'« objet » de cette admirable proposition.

C'est pourquoi, pour beaucoup de croyants eux-mêmes, la question de l'existence de Dieu a perdu de son intérêt, comme s'il était toujours possible de la prouver… et de prouver le contraire. De toute façon, Dieu n'est-il pas au-delà de toutes nos cogitations, un Tout-Autre qu'on ne peut qu'accueillir en silence ?

En vérité, la preuve de Dieu, telle que trop souvent conçue, dépend d'une histoire dont il faut rappeler l'événement essentiel, si sommairement que ce soit.

Si Dieu est pour l'homme, ce ne peut être que dans une relation qui engage tout. Aller à lui coïncidera avec la démarche où l'être humain parvient à humainement vivre, par une puissance et une source qui le lui donnent et qu'il connaît en ce don. Mais vers la fin du Moyen Âge, la théologie, censée occupée à cet espace, a connu une scission qui la séparait dans son ambition de science d'avec la spiritualité, pratique de l'âme. S'y ajoutant, venant de plus tôt, une supériorité de la contemplation sur l'action ; et, venu plus tard, un détachement de la philosophie d'avec la parole de la foi.

Au point où nous en sommes, ce processus conflictuel, avec ses développements infinis, apparaît comme un processus unique : le malheur de Dieu, sa disgrâce, c'est d'abord d'être un Dieu cassé : pour la raison, de plus en plus inutile ou fâcheux ; pour la foi, rétréci, sur la défensive, troublé.

Comment éviter alors, dès qu'on pense à Dieu, que ne reviennent tous les malheurs que l'effort de pensée voulait précisément écarter ? Si en Dieu tout l'homme est engagé, et pas seulement son aptitude au concept, alors tout l'homme, c'est aussi bien l'abîme d'inconscience qui est en lui. Quiconque essaie de penser ce qu'il pense, quand il s'aventure par là, découvre un amalgame d'images, de désirs, de peur, des élans obscurs, des sentiments contradictoires, des idées qui se décomposent, un objet flou, une absence – bref, tout ce qui sert d'argument à la déconstruction de Dieu.

Mais c'est peut-être qu'on veut encore penser à lui comme à un objet ! Peut-être faut-il aller d'abord, sans réflexion a priori, vers l'expérience, vers les humains pour qui Dieu est, dans la relation concrète qu'ils ont avec lui.

4.

Dieu disparaît

Donc, se tourner vers l'expérience.

Quelle expérience ? Et n'est-elle pas tout à fait suspecte ? Le travail de déconstruction ne lui est-il pas aussi fatal qu'à toutes les argumentations de l'intellect ?

De fait, il y a, c'est patent, bien des gens pour qui Dieu, leur Dieu, résiste à la déconstruction menaçante ; mais il y en a beaucoup d'autres pour qui elle opère puissamment, même si c'est de façon déconcertante. Il arrive qu'elle soit dissimulée : la façade paraît intacte, mais il n'y a plus rien derrière. Il arrive encore que la foi en Dieu la plus vive (et peut-être précisément pour cela) soit éprouvée à fond par le sentiment de sa disparition.

La première façon dont Dieu disparaît, c'est

par effacement pur et simple. Nous avons déjà depuis longtemps quitté le temps des schismes : le grand schisme silencieux, c'est celui des millions d'hommes et de femmes qui sont partis sur la pointe des pieds, et ne se sentent même plus préoccupés par la question. En un sens, nous avons aussi quitté le temps de l'athéisme. Car ce qui se passe est au-delà de l'athéisme, qui s'occupait encore de Dieu, pour le nier ou le détruire. Ce n'est plus le meurtre de Dieu : il est enseveli et son tombeau est oublié et perdu. Il n'y a plus de trace divine. Car c'est le mode d'exister de l'homme qui a tout à fait quitté cette région-là, où le divin faisait partie du présent et du nécessaire. Ce qui disparaît, c'est cette relation de l'homme à Dieu, qui constituait Dieu comme Dieu.

Reste, il est vrai, ou peut rester l'objet culturel. Paradoxe apparent : c'est au moment où Dieu a disparu qu'on peut considérer les objets religieux comme patrimoine de l'humanité. Staline ou Ceaucescu faisaient démolir les églises : sottise et barbarie, elles sont de l'art qui, avec la science, constitue le vif de notre culture. Il n'est pas jusqu'à la théologie qui ne mérite d'être relue : grand témoignage d'un passé de l'esprit, qui a place dans la généalogie de notre pensée. Et comment comprendre nos peintres, musiciens, écrivains, penseurs, Pascal, Racine ou même Hugo ou Baudelaire, si l'on ignore tout du christianisme ?

Mais cet intérêt culturel, lié à une tranquille tolérance (qui parfois réconforte à tort les croyants), n'est pas autre en son fond que celle qu'on a pour les temples mayas ou pour le mythe grec. Il signifie une distance qui rend impossible d'« y être ». Le signe en est que, lorsque pour diverses raisons l'on peut être amené à assister à une cérémonie religieuse, où l'on est censé participer, adhérer, croire, ce qu'on éprouve irrésistiblement, c'est l'ennui. Symptôme qu'assez souvent éprouvent les croyants eux-mêmes et qui devrait leur donner à songer.

On peut encore parler *de* Dieu, si l'occasion s'en présente. Mais parler *à* Dieu ou entendre *sa* parole, cela n'a plus de sens. Quant à la pure élévation mystique, fût-elle toute philosophique, c'est une expérience du vide.

Mais il est un autre symptôme de l'effondrement de Dieu apparemment si paradoxal qu'il peut être invisible ou même prêter à contresens. Car c'est un certain retour du religieux. Apparemment, en effet, il signifie que Dieu perdure et revient.

Croyance, prière, ferveur, mœurs saintes (au moins désirées), rituels et prédications enflammées... Mais Dieu, si j'ose dire, n'est plus en sa place de Dieu. Le Dieu n'est plus au cœur de ce qui fait la substance de la vie ; il prend place dans le grand jeu universel, il est la forme que revêt, pour certains, devant l'angoisse qui menace de déferler, l'intense besoin de s'en protéger par la fixation sur des objets rassurants – et de surmonter la solitude meurtrière par le grand échauffement collectif. Le signe, cette fois, est que c'est une religion de l'immédiat, qui croit fermer la parenthèse des tristes années de doute et de questionnement.

Elle est sans question, c'est-à-dire sans pensée. Elle correspond assez exactement à ce qu'attend d'elle le monde de la consommation à outrance ; elle en a le style : satisfaction immédiate, euphorie, marketing.

En fait, cette religiosité vérifie l'athéisme : elle produit un Dieu qui est projection du désir et de l'angoisse. Elle rétrécit prodigieusement ce qui était l'espace du divin. Elle anémie à fond ce qui en faisait la gravité et même le tragique. Elle défait Dieu.

Et elle méconnaît à quel point les « dieux » véritables du monde où elle subsiste (et dont la tolérance, encore un coup, devrait l'inquiéter) sont des puissances indifférentes ou hostiles à ce qu'elle croit sauver, car c'est le sexe, le pouvoir et l'argent. On ne tolère que ce qui ne remet pas en cause l'essentiel : un chèque sans provision est aujourd'hui un méfait bien plus grave qu'un blasphème.

Il est un troisième symptôme plus troublant encore. Le mieux que je puisse faire est d'offrir ici quelques citations.

« (Dieu) permit que mon âme fût envahie par les plus épaisses ténèbres et que la pensée du Ciel si douce pour moi ne soit plus qu'un sujet de combat et de tourment (...). L'image que j'ai voulu vous donner des ténèbres qui obscurcissent mon âme est aussi imparfaite qu'une ébauche comparée au modèle ; cependant je ne veux pas en écrire plus long, je craindrais de blasphémer... J'ai peur même d'en avoir trop dit... »

« Mon Dieu, je ne Vous aime pas, je ne le désire même pas, je m'ennuie avec Vous. Peut-être même que je ne crois pas en Vous (...). Si Vous avez envie que je croie en Vous, apportez-moi la foi. Si Vous avez envie que je Vous aime, apportez-moi l'amour. Moi je n'en ai pas et je n'y peux rien. »

« Les gens pensent que ma foi, mon espérance et mon amour me comblent en profondeur et que l'intimité avec Dieu et l'union avec sa volonté imprègnent mon cœur. Si seulement ils pouvaient savoir… J'éprouve que Dieu n'est pas Dieu, qu'il n'existe pas vraiment. C'est en moi de terribles épreuves. Comme si tout était mort en moi, car tout est glacial. »

« J'ai connu des heures de doute, des demi-journées de doute. Il n'y avait plus rien. Rien n'était debout et ne rayonnait de ce à quoi j'avais cru et m'étais donné. Je continuais. Je faisais comme si. Mais je voyais venir le jour où je n'aurais absolument plus la foi. »

On songe : « Voilà des croyants bien en peine, en marge de leur foi, sur le chemin de la grande défaite. »

Mais qui sont-ils, au fait ?

Thérèse de Lisieux, sainte et docteur de l'Église.

Marie Noël, grande poétesse chrétienne.

Mère Teresa de Calcutta, béatifiée.

Le cardinal Congar, pilier du concile Vatican II.

Si ces gens-là ne sont pas au cœur de ce qui s'appelle la foi, qui donc peut y être ?

Mais tous les connaisseurs savent bien que les plus grands mystiques (et pas seulement chrétiens) ont connu l'expérience de la nuit. Toutefois, à lire attentivement ce qui précède, je crois bien qu'apparaît un trait déconcertant : cette nuit-là semble attaquer jusqu'aux fondements de la foi, ce n'est pas du silence ou du retrait de Dieu qu'il s'agit, mais bien de sa radicale et définitive disparition. C'est comme si la traditionnelle « épreuve » prenait un degré.

On dira : « Mais ces gens-là sont restés croyants ! Et d'autres croyants, soumis à même épreuve, peuvent y trouver réconfort. » Or leur expérience indique ce qu'on pourrait appeler la condition de Dieu dans le monde actuel, précisément quand Dieu est pris tout à fait au sérieux ; comme s'il fallait alors traverser une absence où les vieilles assurances, métaphysiques ou religieuses, ne pouvaient plus donner de la voix.

Que conclure ?

C'est ici à chacun de conclure par lui-même, selon sa propre expérience. Cela peut aller de la pure indifférence jusqu'à la réaffirmation tranquille – ou violente – d'une foi assurée d'elle-même ; ou prendre un autre chemin.

Je n'ai pas à juger, je ne peux que proposer. Mais alors il convient que j'aille vers ce qui paraît le plus radical, le plus difficile et posant les questions les plus dures. À ma mesure, bien sûr, laissant ouverte la possibilité de beaucoup plus fort.

En ce cas, ce qui disparaît ici, ce n'est plus seulement telle ou telle croyance en Dieu, ou même l'idée de Dieu, ou même ce mot ou tout mot semblable ; ce qui disparaît, c'est la région même où Dieu était nommé, j'entends : Dieu comme Dieu, dans sa puissance et sa présence (car il reste « inévitable », comme simple objet du passé).

C'est comme si Dieu avait été, au milieu de l'océan des détresses humaines, une île de sauvegarde. L'île a explosé. Il ne reste plus à sa place qu'une mer, lisse ou agitée, mais où l'île est oubliée.

S'il y a une suite à ce qui s'est narré jusqu'ici, qu'est-ce que ce peut être ?

5.

Dieu passe hors de Dieu

Si Dieu disparaît, l'homme prend sa place !

Tel est le grand moment de l'athéisme d'Occident. Il est d'abord euphorique : c'est une libération, Dieu ne pèse plus, raison, désir, politique, tout se déploie sans que Dieu vienne limiter ou contredire.

Mais cette euphorie peut être trompeuse. Et Nietzsche, par exemple, annonçait lui-même une crise redoutable. C'est que, dans un temps second, c'est une responsabilité écrasante qui va peser sur l'homme. Dieu avait, si l'on ose dire, une fonction capitale, dont l'ampleur va paradoxalement se montrer dans la disparition de Dieu.

La fonction en question n'a pas de nom, parce qu'elle est en amont de tout ce qui pourrait la définir. Elle assure en l'être humain ce qui lui permet d'assumer sa condition humaine. La dire raison est à la fois trop étroit et équivoque ; la référer au langage est méconnaître qu'elle est parole inaugurale, autorisant l'être humain à parler. Cette fonction est ce par quoi l'ordre tient, c'est-à-dire ce qui fait que l'être humain peut se supporter d'être, bienheureusement séparé des peurs et fureurs primordiales, de l'abîme de violence infinie où se déferaient même les violences ordinaires – où tout ne serait que cette nuit fulgurante et glacée, dont seuls quelques poètes ont pu, au plus grand péril d'eux-mêmes, approcher la parole.

Tant que Dieu est nommé en cette place, il peut en quelque sorte masquer l'urgence de la fonction ; la lutte même contre Dieu se nourrit de lui, l'ennemi à combattre peut servir de raison de vivre et de point d'appui. Mais on n'y tient pas indéfiniment. Il faut que la place soit prise.

Cette nécessité, toutefois, peut demeurer invisible. On peut croire que le monde – le monde tel qu'on le perçoit – tient tranquillement par lui-même et sans danger, et qu'on est qui l'on est, avec chaque chose en sa place. On n'en est pas plus soucieux que de la qualité de l'air quand elle est bonne ou de la pesanteur qui nous tient debout sur la Terre, tant qu'elle voudra bien tourner.

Il est vrai que le monde où nous sommes tend précisément à nous faire oublier cette condition nôtre. Curieusement, y participent aussi bien le règne de l'économie-techno-science qu'un certain retour du religieux. On y vit sous anesthésie.

Mais l'être humain peut s'éveiller ; par crise personnelle ; en voyant le monde les yeux ouverts ; en songeant aux terrifiantes expériences du XXe siècle et à ce qu'elles signifient. Les « substituts de Dieu » ont engendré le pire.

Il semble alors que l'homme, s'il s'éveille, soit dans une situation étrange. Dieu ou tout ce qui osait prendre sa place se sont pour lui comme effacés. Mais cela ne supprime pas pour autant ce-qui-est-en-cause-là. On n'est plus du tout dans un rapport entre une idée de Dieu et une idée de l'homme pensées à part, entre lesquelles il faudrait établir un rapport. Ce qui est premier, c'est une relation qui se tient en l'homme – ou, si l'on préfère, c'est l'être humain en tant qu'il porte cette relation.

Relation à qui ? À quoi ? Le point décisif, c'est que ce n'est pas relation à quelque chose ou à quelqu'un, de la manière dont nous percevons les choses et les gens : comme, d'une façon ou d'une autre, à ce qui dépend de nous (fût-ce très illusoirement). Cette relation-ci n'a pas d'objet, pas de vis-à-vis que nous tiendrions sous notre pouvoir ou notre savoir. Pour ces désirs-là (si puissants !), c'est la relation à rien. On peut dire : à l'insaisissable. Mais du moins quel sens a-t-elle ? Elle est, en l'être humain lui-même, l'ouverture irréparable, irrépressible, irréductible à ce qui défait sa prétention, lui révèle sa limite, lui ouvre les possibles, lui signifie le respect qu'il doit à tout ce qui est et qu'il n'a pas créé et, plus que tout, à l'autre être humain, son proche et semblable. De là peuvent venir aussi bien les plus grandes angoisses et les plus grands dangers, que ce qui donne à l'homme la puissance de supporter sa condition.

L'athéisme retournait la relation à Dieu : non plus l'homme soumis à Dieu, mais l'homme maître de Dieu. Il s'agit ici d'un nouveau retournement : non plus l'homme ramenant tout à lui, mais reconnaissant en lui ce qui demeure hors de toute prise ou emprise ; et non point comme ce qui lui est extérieur ou étranger, mais comme ce qui est son être propre, bien que, par rapport à tout genre de possession, dans une distance infinie.

Il faut ici éviter la méprise. L'homme croyant peut se dire, tout heureux, qu'on retrouve ce qu'on avait perdu. La disparition de Dieu n'était qu'une fiction. Dieu est toujours là. « Il n'y a pas d'athées, disait Maurice Blondel, il n'y a que des idolâtres[1]. » L'idole tombée, Dieu reparaît.

Mais ici, le processus est inverse. Il ne s'agit

1. Dans le contexte de l'œuvre de Blondel, cette phrase a une autre portée qu'ici !

pas de faire rentrer ce qui s'annonce dans l'espace connu du Dieu connu, mais de l'explosion de cet espace-là. Qu'en sera-t-il finalement ? Nul ne le sait encore, puisque ce qui s'annonce est l'inconnu. Mais ce moment doit être accepté en ce qu'il est ; où il ne s'agit pas de revenir en arrière, mais de traverser et aller plus loin.

J'évoquais cette mer d'où l'île a disparu. Mais il se peut qu'en les profondeurs sous-marines, le volcan, dont l'île était un dépôt provisoire, fasse explosion.

Dieu disparu, c'est désenchantement du monde et solitude des humains. La question devient une question humaine : comment survivre ? Elle paraît obsolète et ridicule à ceux… qui ne l'entendent pas.

6.

Le chemin partagé

Si vraiment la place où l'homme mettait son Dieu se vide de tout objet, si ce qui nous est le plus nécessaire passe hors toute saisie ou toute prise, où le connaîtrons-nous ?

En ce qu'il advient de l'homme, en ce que devient son chemin d'humanité. Ce chemin n'est pas défini par une méthode ou par l'idée, il se tient en amont, du côté de cette naissance prodigieuse : l'avènement d'humanité. C'est pourquoi, aussi bien, il peut partir de n'importe où, là où se tient l'être humain, juif ou grec, grec ou barbare, comme disait saint Paul, et pour se faire plus contemporain, croyant ou incroyant, chrétien ou d'ailleurs, etc. Il ne demande que d'être à ce qui se donne là et d'avancer à travers l'épaisseur de la « pâte » que nous sommes, à travers même l'en bas qui nous habite, où peut-être nous avons glissé. Toute existence humaine vaut, car il suffit au plus démuni, au plus défait, d'entendre la parole qui parle là, pour habiter la lumière irrépressible.

C'est pourquoi celui qui part du Dieu auquel il croit a grande chance de le perdre, jusqu'à éprouver la non-foi – pour que la relation soit pure. Et celui qui part de l'absence ou de la négation de Dieu peut voir s'annoncer, dans son travail sans concession pour s'établir en l'homme, le don venant vers lui de l'Imprenable.

Immense tâche, tâche infinie. Car il faut traverser les équivoques de Dieu et tout ce qui s'ensuit (et qui peut, bien sûr, prendre tout autre allure que ce que nous avons décrit). C'est traverser, du même pas, les équivoques de l'existence. Les deux équivoques se multiplient l'une par l'autre, créant cette prodigieuse confusion où, si l'on peut dire, Dieu est tombé, avec tout ce qui lui ressemble.

Il se peut alors que par la force même du chemin fait, Dieu paraisse comme rien ; et tout ce qui s'y rapporte, le nomme, en parle, comme un voile léger jeté sur l'opacité du réel. Toutes les objections des incrédules semblent avoir le rude bon sens du constat.

Mais il se peut, de l'autre côté, que l'œuvre où l'homme s'investit tout entier, se passant de Dieu et du reste, vienne au bord d'un océan de déréliction, d'un vertige de néant et de destruction. Comme si la longue marche arrivait au bord de la mer et que le pays espéré soit par-delà cet immense abîme liquide, où les dures certitudes d'autrefois ne servent pas plus qu'à un navigateur perdu sur l'océan le manoir de ses ancêtres.

Ou bien – mais c'est finalement même chose – comme si la critique forte de ses pouvoirs, la volonté de dépassement ou le relativisme sûr de lui sentaient s'effondrer le sol sur lequel il faut bien s'appuyer, faute de quoi c'est le gouffre des pensées impossibles et des angoisses immaîtrisables.

Pouvons-nous risquer cette pensée : que l'expérience humaine, lorsqu'elle est menée vers l'extrême, c'est-à-dire vers sa vérité, est une même fondamentale expérience où se rejoignent ceux que les oppositions et querelles dont nous avons hérité semblaient séparer ?

Alors la grande affaire, l'unique affaire est que le chemin ne se perde pas dans la ténèbre, que se lève, au cœur même de la nuit, la lumière irrépressible que rien ne détruira.

Et la critique, ici, défait toute objectivation ou représentation de Dieu ; comme elle défait toute prétention à enclore l'être humain dans une suffisance satisfaite.

À ce titre, quel que soit le point de départ – Dieu, tel Dieu, pas de Dieu –, le chemin essentiel est le même. Il commence par un déjà là d'humanité qui a ses assurances – hors de quoi, c'est l'angoisse absolue, le vertige de l'inhumain. Il continue par la mise à l'épreuve de l'être humain, dans la confrontation de ce qui l'assure avec sa condition réelle. L'épreuve peut varier, forte ou faible, héroïque ou paisible (par les exemples donnés plus haut, on a vu quelle intensité elle peut prendre dans la foi elle-même).

On peut du moins évoquer ce que l'être humain peut attendre de là : que vienne vers lui ce qui coïncide avec son désir le plus puissant et sa lucidité la plus aiguë – pour tout l'homme et tous les hommes.

Cela ne peut que demeurer ouvert, en amont de toute théorie, allant vers le toujours plus loin. Nommer Dieu est alors aussi redoutable que de ne pas le nommer. Le mouvement de l'opposition entre Dieu et non-Dieu commençait entre croyance aveugle et incroyance prétentieuse. Il va vers une étrange limite où affirmation et négation tendent à se joindre : dire qu'il est – ou qu'il n'est pas –, c'est effacer toute prétention à le saisir.

Mais s'il en est ainsi, ce qui se présente est un espace nouveau. Il n'est plus commandé par nos répartitions classiques : foi et raison, religion et laïcité, théologie et philosophie. Ces distinctions peuvent avoir sens, mais l'espace premier n'est pas commandé par elles.

Du même coup, les relations humaines

prennent une autre figure. Celui qui nomme Dieu et celui qui ne le nomme pas peuvent s'éprouver proches, profondément proches, par leur façon d'habiter la vie, l'esprit de recherche et d'ouverture, le lien d'amitié qui se soutient par-delà toute prétention. En revanche, l'un et l'autre étrangers à ceux qui, paraît-il, sont de même conviction, opinion ou appartenance qu'eux-mêmes, en butte fréquemment à leur hostilité, et dans l'impossibilité de se faire entendre d'eux. Autre paysage, vraiment.

N'est-ce pas ce qu'il faut bien constater ? « Celui qui croyait en Dieu, celui qui n'y croyait pas » ont pu être frères d'armes dans la Résistance. Et la même fraternité se retrouve aujourd'hui, pour la justice et la vérité. Mais les fanatiques de toute espèce et intégristes de toute croyance, même si entre eux ils s'entretuent, appartiennent au même monde : celui précisément de la mort.

On fera objection : ce chemin d'humanité n'est pas universel, non seulement parce que beaucoup ne le prennent pas, mais parce qu'ils n'y songent même pas. Mais l'universel, en tous domaines, est toujours ce qui advient à l'humanité ; il n'est pas d'emblée manifeste ni admis par tout le monde. Ainsi en science même, où le plus élémentaire a une histoire. Il n'est même pas vrai qu'une vérité, dès que parue, s'impose à tous. Il faut un second temps, d'acceptation et digestion, si l'on peut dire, et d'autant plus long et rude que le neuf ébranle plus fortement l'ancien.

On ne sera pas surpris qu'il en soit de même ici, pour ce qui est sans doute aux humains le plus difficile à reconnaître et à porter.

En revanche, il est bien vrai que cela est pour tous, puisque ne présupposant rien d'autre que la présence humaine. En un sens, rien de plus humble ! C'est pourquoi ce sont les plus simples, les pauvres et démunis qui peuvent y avoir accès, tandis que bien des savants, encombrés de leur savoir, demeurent à la porte.

Mais ce qui demeure ainsi, n'est-ce pas rien ? Pour nous, où nous sommes, qui nous sommes, le vide ? La raison et l'expérience protestent contre ce qui paraît renvoyer l'être humain aux fumées mystiques les plus suspectes.

On peut, pour y répondre, reprendre l'image fameuse du soleil : y fixer le regard aveugle, mais il n'empêche que le soleil éclaire tout. Et pour l'homme de foi : plus on s'approche de Dieu, plus il s'éloigne, mais la lumière change.

C'est pourquoi précisément l'expérience jugera de ce qu'il en est ; cela se situe dans toute l'épaisseur de l'expérience humaine, dans ce qui opère comme donation de vie, libération, puissance. Non plus une expérience « religieuse », qui serait comme renvoyée à cette région-là, soumise aux feux croisés de la critique, mais l'expérience enfin humaine, radicale et totale, délivrée de ce qui l'enferme et l'exténue.

C'est alors cette purification de la pensée qui défait toute clôture et toute prétention, qui critique la critique elle-même, quand elle méconnaît que le lieu de la crise extrême exige accueil et création. Une telle purification est au cœur de la pointe de la science.

C'est cette présence ou ce retour des grands symboles où ce qui appartient aux sens et à la chair se révèle présence de l'esprit, ouvre le visible à l'invisible. Ultime œuvre d'art.

C'est ce mouvement, cet élan qui ne se résigne pas au malheur et à l'iniquité ; cet élan, avant tout ce qui va lui donner forme, méthode, institution, et donc capable de critiquer et défaire toute crispation d'appareil ou d'idéologie. C'est l'âme de la politique, quand elle est à la hauteur de ses enjeux.

C'est, de façon décisive, ce qui se tient au cœur des relations humaines quand elles sont présence partagée, écoute réciproque, soin, partage, amour, et allant jusque vers l'ennemi et l'étranger. Au cœur de cet entre nous se tient tout l'insaisissable, qui fait que chaque humain est pour tout humain l'infini, et non ce qu'il peut saisir, par savoir ou pouvoir, y compris sous prétexte du bien ou de la vérité.

C'est dans ce que l'homme est pour l'homme qu'on sait ce qu'il en est de la relation primordiale. Et pas seulement dans le discours, l'intention, le ressenti, mais dans l'effectif. C'est pourquoi tout ce qui éclaire les humains sur leurs relations est éclairement de ce qu'est réellement pour eux le « ce sans quoi », le « ce à partir de quoi » ils peuvent humainement subsister.

7.

Le silence et la parole

Voilà que le chemin semble mener au silence. La question n'est plus de croire en Dieu, le nommer ou pas. La grande différence semble passée ailleurs : en ce que sont les humains, confrontés à leur condition ; en leur courage à vivre, leur lucidité ; et, suprême ment, en ce qu'ils sont les uns envers les autres.

Ce qui reste alors de Dieu (si l'on peut dire), c'est cet espace nu et vide qui se tient entre les humains, et qui signifie seulement (mais quel seulement !) qu'il n'y a nulle emprise de l'un sur l'autre, seulement le regard, la voix, le visage, la présence qui donnent à chacun d'être délivré de l'abîme, de la haine solitaire – ce monstre impensable.

Ce qui demeure – ou ce qui advient –, c'est cet espace qui s'élargit et se creuse sans cesse entre nous et ainsi nous rassemble. C'est en lui que nous pouvons être, les uns aux autres, accueil, liberté, nourriture ; nous ensemble, dans le tout premier lien d'humanité, qui est aussi le plus haut, car il est vrai qu'alors nous ne sommes tenus par rien, rien ne précède cette donation pure qui fait qu'être les uns aux autres est vie.

Pourtant, est-ce que Dieu ne continue pas à faire différence ? Car il y a ceux qui le nomment et ceux qui ne le nomment pas.

Quel sens y a-t-il à le nommer ?

Il faut voir où. Ce n'est pas tant le discours sur Dieu qui fait ici question. C'est plutôt ce qui donne chair à la relation à Dieu, chair de parole, à savoir la prière.

Des humains parlent à Dieu, et ils écoutent la parole de Dieu – car la prière, en son plein, est cet échange. D'autres, non.

La différence paraît claire.

Elle ne l'est pas du tout. La prière est prise tout entière dans ce mouvement que nous avons décrit à propos de Dieu. Elle baigne dans cet énorme amoncellement du « religieux » où Dieu, depuis des millénaires, ne cesse d'être invoqué. Même si elle fait choix dans cette immensité (si par exemple elle se veut chrétienne), c'est encore dans la reprise d'une histoire gigantesque – où il y a de tout. Avec, du coup, la nécessité d'y faire un rude travail de vérité : sauver la tradition, c'est la délivrer de ce qui l'encombre et la défait.

Si donc quelqu'un prie, il convient de voir du moins à quelles conditions sa prière doit répondre pour ne pas être prise dans l'équivoque. Car il n'y a de prière juste qu'à s'en libérer. Travail qu'on peut craindre infini et qui travaille tout l'homme. La prière est lieu de la demande, de l'angoisse, du repentir, de l'espérance, de l'exultation. De tous les dangers, multipliés sans mesure parce que tout est jeté en Dieu. En particulier, la demande, c'est-à-dire le désir, est sans doute le mouvement de la prière, et peut-être l'ultime (voyez le *Notre*

Père !). Purifier la prière, c'est purifier le désir, jusqu'à ce qu'il rejoigne la volonté de Dieu. Mais rien de plus suspect que cette « volonté ». Elle a servi tous les pouvoirs, encouragé tous les masochismes.

Purifier, purifier. C'est-à-dire en venir à déconstruire Dieu, puisque c'est « mon » Dieu – ou le nôtre. Les mystiques les plus orthodoxes le savent (on conçoit que l'autorité religieuse s'en méfie !). S'approcher de Dieu, c'est le rendre lointain par rapport à tout ce que nous avons construit : le vrai Temple est l'Ailleurs, le souffle que tu entends, mais dont tu ne sais ni d'où il vient ni où il va.

Mais l'équivoque est toujours renaissante : aucune « bonne doctrine », aucune ferveur ne peut s'en croire préservée. Il y faut une vigilance permanente et, puisque toutes les relations y sont concernées, ce ne peut être que par une critique radicale et toujours ranimée.

Car la critique elle-même peut se faire illusoire. C'est ainsi que plus ce qu'on se risque à penser de Dieu veut correspondre à la relation la plus forte et la plus libérante, plus en un sens le risque croît. Des « images » de Dieu, à la façon des dieux grecs et latins, peuvent donner place aisément à la critique ; mais un Dieu plus élaboré, si j'ose dire, peut se prétendre le « vrai » Dieu, triomphant des idoles. Et plus il est « pur esprit », « tout-puissant », « créateur et sauveur », plus l'équivoque est redoutable. Car elle est d'abord dissimulée, par les discours et les pratiques afférentes. Elle ne se dévoile que dans l'analyse des relations réelles.

Ainsi peut se révéler, par exemple, que l'image qu'on avait de la puissance de Dieu ne pouvait que le rendre odieux ; alors que si l'on nomme cette « puissance », ce ne peut être que nommer l'impensable, et tout ce que nous en pouvons connaître, c'est au cœur de la relation elle-même insaisissable, ce qui nous donne puissance contre les forces de destruction.

La prière, allant son propre chemin, est ainsi critique de la pensée. Elle met à mal tout ce qui fait de Dieu un objet de pensée, fût-ce dans les hauteurs philosophiques, fût-ce pour le nier ;

car c'est établir là une relation de savoir, alors que le non-savoir rigoureux est principe de la connaissance.

Nous avons déjà évoqué, à cet égard, les « preuves de Dieu ». Le philosophe qui en discute croit détacher l'objet Dieu de sa subjectivité ; elle est d'autant plus présente qu'elle ne se dit point.

L'étrange dialogue avec Dieu – absurde à qui n'en a vu que l'extérieur – devient, par son exigence même, ce qui laisse le hors-de-tout-nom dans son Nom propre mystérieusement imprononçable, par-delà toute idée, même d'infini ou d'altérité.

Mais le mot de « prière », évidemment, peut gêner ; il peut évoquer tant d'autres choses que ce qu'on évoque ici. Misère de tout le langage religieux ! Disons que ce mouvement de l'être humain, qui accueille et qui va, se porte vers le désir absolument pur, le désir nu, qui ne sait rien, qui n'a pas d'objet, non par angoisse ou nostalgie du ventre maternel, mais parce qu'il est la transgression extrême. Il passe par-delà les élévations de l'âme vers le Bien, l'Être, l'Essence ineffable, le Rien qui est tout ; car ces élévations sont encore de l'âme de ce monde, allant son propre chemin. Mais ce désir transgresse la frontière du monde, il ne tient que par ce qui vient vers lui de l'ailleurs autre que tout autre.

La parole humaine, si l'homme parle encore en cet espace, passe dans une condition étrange : on ne peut la posséder, la réfléchir, elle fuit tout ce qui voudrait (à nouveau) en faire un objet. Il y a, dans cette parole impuissante à même se connaître, quelque chose qui peut sembler comme enfantin ; mais ne méprise l'enfant que celui qui ne connaît point l'homme.

Parole en quelque sorte jetée dans le vide, pont vertigineux par-delà tout, vers une autre rive dont il n'y a aucun savoir. Mais c'est cet écart, en effet vertigineux, qui peut être lieu de naissance de la plus haute pensée, parce que précisément il est l'amont de tout.

Quant aux modalités, tout est permis. Tout peut être bon et tout peut être funeste. L'espace de cette relation-là excède tout espace connu. Il convient, à nous les humains, d'avoir récits, annonces, discours, rites, célébrations. Le nier est prétention, illusion de l'esprit pur. S'y fier est imprudence. Reste que, dans l'habituel de la religion (chrétienne en particulier), le clavier de cette musique est incroyablement rétréci, et la composition ou l'improvisation étrangement pauvrettes.

En tout doit se faire vérité. Il faut donc s'attendre à ce qu'il y ait épreuve. Elle peut aller jusqu'à l'extrême. Il peut arriver que la prière tue la prière, c'est-à-dire que l'intensité même du désir qui l'anime consume et défasse tous les supports, tous les langages. Ce peut être comme l'acte de la « fine pointe de l'âme », mais vécue peut-être comme la grande Absence, qui dépasse toutes les limites de l'espace religieux et fait traverser la grande fin de tout.

Et pourtant qui se tient là, dans la disposition de la juste humilité – soit l'acceptation et l'accueil du toujours plus grand –, qui se tient là est, même ne le sachant pas, dans la paix primordiale, non pas le grand effacement, mais Shalom, la puissance de vie délivrée de l'horreur du meurtre.

Oui, il est possible que cette prière-là, dépassant la prière, opère des façons les plus profanes, les plus irréligieuses qui soient. C'est une couleur de l'âme, une tonalité du chant intérieur, c'est cette puissance de l'esprit qui habite la plus haute pensée, la critique enfin délivrée de tout le goût de mort, l'engendrement du monde par-delà le monde.

C'est pourquoi tout ce que nous appelons « religion » s'en trouve transmué. Le contenu des choses religieuses, doctrine, rites et pratiques, quitte le lieu clos où il ne cesse de se réduire et confiner, pour parler et agir dans l'espace d'humanité. Plus fortement, c'est en cette parole-et-action surgissant parmi les humains que se crée l'espace où cette parole parle. Elle engendre son propre lieu.

Il se peut qu'alors se lève au cœur de l'homme un désir de feu, capable de transgresser la loi du monde, un désir humble, très humble, d'une puissance incalculable, jusqu'à perforer les évidences, croire l'impossible et en faire la substance de la vie.

Ce désir peut habiter l'homme d'en bas, le défait, l'humilié, le supplicié. Il réunit ceux qui le goûtent par-delà tout mur et toute frontière. Il est amour, il est la violence extrême de cet amour qui passe l'autre côté de raison et sagesse, qui sont plaine et repos, vers l'autre versant de la montagne, le paysage inconnu.

Le mot « prière » est trop lourd et trop compromis. Pas de mot. Voilà qui va vers le silence.

Il faut l'avouer : ce que je viens de dire peut paraître insupportable, en tout cas étranger non seulement à bien des incroyants, mais à bien des croyants eux-mêmes ; comme si, en fait, s'aggravaient à fond des difficultés déjà pressenties ou ressenties.

Mais quoi, il est impossible, si l'on se risque vraiment à parler en ce lieu-là, de garder jusqu'au bout une neutralité qui survole tout. Cette prétention-là est plus suspecte que tout le reste. Elle s'imagine, non seulement hors de ce qui est en cause, mais capable d'en juger du haut – de quoi ? Du plus haut que Dieu même ?

La différence – Dieu ou pas – semble s'être déplacée, et passer en celle-ci : le silence et la parole. Mais ce n'est plus l'opposition figée. C'est à la fois séparation et lien. Car, déjà, le silence est aussi équivoque que la parole ; toute parole a son symétrique dans le silence. Celui qui vient ici, fruit et cœur du chemin, paraît être le grand vide, bien plus rude et fort que ces silences indifférents ou sceptiques qui s'accommodent de parler ailleurs. C'est le vide, en effet, pour tout ce qui prétend occuper la place qui doit rester sans rien dedans, comme le Saint des Saints du Temple quand Titus y fait son entrée de vainqueur.

Mais, par ce qui de lui se donne à nous, ce silence est plénitude, précisément parce que rien, en amont de nous, ne vient meurtrir ou écraser qui nous sommes. Ce vide est notre liberté, ce silence nous donne la parole.

La parole ne vient pas y mettre fin, ni même le compenser. La parole est la gardienne du silence et le silence est source de la parole. La parole écoute. Le silence écoute. L'écoute est le commencement. Elle n'est pas du tout, comme l'imaginent les doctrinaires des religions, une espèce de soumission basse envers une parole qui devient verrou ou ciment (et les antireligieux y trouvent à bon droit argument). L'écoute, parce qu'elle est prête au plus étrange ou déconcertant, coïncide avec le questionnement le plus profond ; celui qui n'est pas inscrit dans notre problématique, mais surgit de l'ailleurs. Alors tout langage vaut quand il connaît sa condition ; même les preuves ont leur force si elles disent le chemin.

Nous ne pouvons nous enclore dans le silence. L'être humain est parole. Un silence qui serait pur mutisme serait pure absence. Mais toute parole qui se dit parmi les hommes est humaine – encore une tautologie redoutable ! Comment dire, après cela : « Toi, mon

Dieu, Toi, notre Père ? » Et comment se risquer à parler d'une « Parole de Dieu » ?

C'est oser penser qu'une parole humaine peut être pleinement traversée de cela qu'elle ne possède pas. Ce serait ou c'est le plein accomplissement de ce retournement évoqué plus haut. Ce n'est plus l'homme qui devient Dieu, c'est Dieu qui devient homme : l'homme devient ce rapport inouï, au-dedans de lui, entre lui-tel-qu'il-est dans la condition humaine, mortelle et limitée, et ce qui alors dépasse toute idée ou image ou pensée de Dieu.

Et si par ce chemin-là l'homme devient Dieu, ce sera tout autrement qu'en aplatissant Dieu à son humanité. Ce sera par le Dieu qui vient, le Dieu surgissant en humanité. C'est pourquoi il sera tout à fait possible que Dieu ne soit pas du tout présupposé, que même il soit nié pour ôter l'équivoque, qu'il soit détruit et absent – afin qu'advienne ce que religion, sagesse, philosophies risquent, malgré leur grandeur, de nous faire manquer.

Il est ainsi possible que pour aller vraiment par là (surtout avec l'histoire qui est la nôtre), il soit bon que nous soyons d'abord sans religion et sans Dieu, absents aux croyances et aux querelles qui occupent cet espace-là ; plutôt humains, aussi humains qu'il nous est donné de l'être, et apprenant dans cette humanité, par l'oreille ouverte et le regard attentif, l'infiniment plus et l'infiniment autre qui nous donnent notre vrai espace d'humanité.

Mais c'est aussi bien ce que peut éprouver celui ou celle qui sont au plein cœur de ce qu'on appelle « foi », quand l'opaque dont j'ai parlé semble tout envahir, comme si la présence la plus pure mettait au plus près de l'absence.

Contradiction ? Quand il s'agit de l'expérience qui dépasse l'expérience, la contradiction ne nous effraie pas. C'est là, seulement là, dans la coïncidence pas possible entre la primitive lumière du regard, le son de la voix devenant voix humaine, la première caresse qui éveille la chair à l'amour, dans la coïncidence entre cette naissance d'humanité et l'annonce du Par-delà Tout, plus puissant que tous les univers, c'est là que Dieu s'ouvre.

Le Dieu ouvert est en cet homme dont le brave soldat ouvre le corps, et il sort du sang et de l'eau.

La Vie !

Pour les tard venus que nous sommes, il n'y a plus d'autre vérité, en ce lieu meurtri et désolé de la divinité, que la Parole qui nous donne, entre nous, de nous séparer de l'abîme. Si Dieu est, il est en l'homme ce point de lumière qui précède toute raison et toute folie et que rien n'a puissance de détruire. Peut-être qu'alors croire en Dieu consiste en ceci : croire qu'en tout être humain existe ce point de lumière.

Finale

Certains s'en vont sur la montagne, là où gronde le feu qui jette en la terreur tous ceux qui demeurent en bas.

À moins que, sur la montagne, après que la terre a tremblé, vienne le souffle léger – et l'homme, dans la juste crainte, se couvre le visage.

Ou bien, en haut de la montagne, c'est l'homme lui-même qui devient éblouissant de lumière, comme si en lui devenait visible ce que l'œil humain ne peut voir.

Certains s'en vont par la ville, parmi les pauvres, titubant dans la misère. Ils aident. Ils n'ont d'autre clarté que ce qu'ils entrevoient sur le visage du plus démuni, du plus défait, du plus égaré.

D'autres habitent avec joie la belle maison du grand repos. Ici, tout est paix et confiance. Les horreurs de ce monde sont restées à la porte : pour les affronter avec force, il faut bien qu'il y ait ce lieu de parole et d'écoute, de paix et de liberté. Mais quelques-uns demeurent au seuil de la belle maison, ou s'en vont. Et quelques-uns en pleurent de tristesse. C'est qu'ils refusent que les horreurs de ce monde restent à la porte ; il faudrait que tout et tous puissent entrer, pour que tout soit sauf : il n'y a pas d'autre vérité.

D'autres traversent l'interminable désert de la grande soif. Rien, rien et encore rien. Ce n'est même plus l'absence. C'est l'absence de l'absence. C'est au point que le plus intime d'eux-mêmes leur est devenu étranger, comme d'une semence en hiver ; le regard le plus attentif ne voit rien. Vienne le printemps.

Il arrive que quelqu'un crie, du tréfonds de l'en bas, vers ce qui n'a plus de nom ni de visage. Le cri monte du fond de ce puits, au-dessus duquel toute digne sagesse a su mettre la dalle du silence.

On peut lire les livres, naviguer comme on peut dans l'océan des lectures. Quelquefois le livre parle. Il atteint le lecteur là où nul n'était venu. Il dit avec ses mots, son encre, son papier ce que le lecteur, devenu vivant, entend enfin de son propre cœur.

On peut regarder les étoiles. Écouter le chant de l'univers. C'est plus que nous ne fabriquerons jamais, nous les industrieux. Vois la splendeur, goûte et demeure. N'attends rien, ne désire pas. Et désire que tout soit et que puisse nous délivrer de la laideur la puissance invisible qui fait que le monde est.

La mère regarde l'enfant qui vient de naître. Le père regarde l'enfant et la mère. L'enfant vient d'eux et de leur amour. Et il ne vient pas d'eux, il n'est pas à eux, il est d'ailleurs. Et c'est de le reconnaître qu'ils pourront l'aimer, comme les humains peuvent s'aimer en vérité : car chacun d'eux est porteur de l'infini.

Dieu, personne ne l'a jamais vu.

« Dieu, personne ne l'a jamais vu.
Si nous nous aimons les uns les autres
Dieu demeure en nous
en nous son amour est accompli. »

1re Épître de Jean,
chapitre 4, verset 12

Table

DU MÊME AUTEUR

CHEZ DESCLÉE DE BROUWER :

Le Dieu pervers, 1979.
L'Épreuve ou le tout petit livre de la divine douceur, 1988.
Incipit ou le commencement, 1994.
Le Lieu perdu. Du côté de la psychanalyse où ça se fait, 1996.
Les Allées du Luxembourg, 1996.
Thérèse et l'illusion, 1998.
L'Amour déchiré, 2000.
La Quatrième Hypothèse. Sur l'avenir du christianisme, 2001.

CHEZ BAYARD :

Invitation. Plaidoyer pour la gratuité et l'abstinence, 2003.
La Traversée de l'en-bas, 2005.

Le Meurtre de la parole ou l'épreuve du dialogue, 2006.
Le Dieu sauvage, 2007.

AU SEUIL :

La Voie, 1982 ; rééd. Desclée de Brouwer, 2000.
Un trajet vers l'essentiel, 2004.

Composition IGS
Impression Bussière en septembre 2008
Éditions Albin Michel
22, rue Huyghens, 75014 Paris
www.albin-michel.fr

ISBN : 978-2-226-18302-6
N° d'édition : 25766 – N° d'impression : 082546/1
Dépôt légal : octobre 2008
Imprimé en France.